AF498315

A AIX, de l'Imprimerie de la Veuve de Joseph Senez. 1731.

PRÉCIS
DES CHARGES

POUR DEMOISELLE CATHERINE CADIERE,
de la Ville de Toulon , Querellante en Inceste spirituel ,
& autres Crimes.

CONTRE

Le Pere Jean-Baptiste Girard , Jesuite , Querellé.

OMME par nos précedens Mémoires nous avons établi fort au long les preuves des Crimes du Pere Girard, & refuté de même tous les prétextes qu'il avoit employés pour les combattre, nous avons crû que pour rendre plus facile la décision de cette affaire si vaste & si importante, il étoit nécessaire de faire un Précis, qui ne renferme que les Faits qui constatent les Crimes dont il est accusé, & la citation des Témoins & des Piéces qui prouvent chaque Fait, parce que les principes ne sont pas contestés, & sont même convenus. On avertit ici, qu'il avoit été fait une erreur en numerotant les Témoins de l'Information, qui consistoit en ce que de 89. on étoit passé à 100. elle ne pouvoit pas autrement donner lieu à des équivoques, puis qu'il n'y en avoit point dans le nom des Témoins ; cependant on a reparé exactement cette erreur, après l'Impression des deux prémiers Mémoires de la Demoiselle Cadiere.

SUR L'ENCHANTEMENT ET AUTRES FAITS
extraordinaires.

L'Avû que la Demoiselle Cadiere avoit fait avant le Procès d'avoir reçû du Pere Girard le souffle, auquel elle attribuoit son transport d'amour pour lui, est prouvé par la Déposition de Messire Gandalbert, Curé, premier Témoin ; par celle de Messire Giraud, autre Curé, second Témoin ; de Loüis Remoüis 5e. de Claire Berengier 57e. & de François Meradou 100e. Témoin.

La verité de l'obsession de la Demoiselle Cadiere est justifiée. 1º. Par les propres Avûs de l'Accusé , dans ses Réponses aux 41. 42. 43. 44. 45. 46. 53. 56. 57. & 58. Interrogatoire , où il a fixé l'époque de cette

A

obseffion à la fin de Novembre, ou au commencement de Décembre 1729 & en a décrit les progrès & les effets ; il est vrai que par sa Réponse au 4.. Interrogatoire, il fixe la fin de cette obseffion au 20. de Fevrier 730. pour en attribuer fauffemens la délivrance miraculeuse à la Sœur de Remusar son autre Penitente ; mais la continuation de cette obseffion est justifiée par les Lettres de l'Accusé, & par celle de la Demoiselle Cadiere, produites au Procès. Le Pere Girard dans sa prémiere Lettre du 7. Juin, qui étoit le lendemain de l'entrée de sa Penitente au Couvent, lui dit : *On m'a raconté une partie de ce que vous souffrites en chemin, & comme je m'y attendois, je nen fus pas surpris ;* & dans la l'Apoftille : *Ecrivés-moi inceffamment ce que vous aviez obmis de me dire, comme je vous l'avois ordonné, & poursuivés brievement à marquer tout ce qui s'est paffé en vous, en reprenant depuis le commencement de vôtre état de peine jufques à l'entrée du Carême, quand vous aurez écrit tout ce qui est arrivé depuis lors jufques à maintenant,* (il apelloit l'obseffion de sa Penitente, son état de *peine.*) Dans sa Lettre du 9. du même mois, il lui dit : *Ne feriez-vous point tombée dans vôtre état de peine ?* La Cadiere dans sa Lettre du 21. du même mois de Juin lui dit : *Je ne doute point, mon cher Pere, que Madame l'Abeffe ne vous ait déja écrit fur mon compte, & qu'elle ne vous ait en même tems marqué mes indifpofitions, felon ce qu'elle m'a fait connoître par fes difcours ; mais elle est aveugle fans doute fur l'origine de mon mal ; il est vrai qu'elle s'est aperçûë de mon crachement, & de ma perte de fang, dont elle m'a parû efrayée, auffi-bien que Madame la Mere Maitreffe qui me fuit de près pour en connoître la veritable caufe, dans l'incertitude où elle est de mon mal ; mais je ne juge pas à propos de lui en decouvrir le miftere, qui ne doit être refervé qu'à vous feul d'en avoir la connoiffance.* Dans la même Lettre, & dans les autres des 28. du même mois, 24. Juillet & 9. Septembre, elle lui marque plufieurs accidens d'obseffion très violents, plufieurs vifions, & des transfigurations ; & dans celle du 24. Juillet qu'il a dattée du 25. dans l'impreffion qu'il en a fait faire, elle lui reproche de l'avoir mife dans cet état. *A l'égard de mon inconftance, prenez-vous-en à celui que je fers, qui me tourne où il veut, & comme il veut : Vos confeils n'ont pas peu contribué à me conduire à cet état, comme vous fçavez. Au reste, quand à cet Article.. je vous le pardonne volontiers, puis qu'il est fans remede.* Et il est si vrai que le Pere Girard lui avoit confeillé & fait accepter cette obseffion, que par sa Lettre du 26. du même mois, qui est la Réponse à celle de la Demoiselle Cadiere du 24. il n'a pas ofé contefter la verité de ce fait ; ce qui prouve tout à la fois la réalité & la continuation de l'obseffion après le 20. Fevrier, & même que le Pere Girard en étoit l'Auteur.

2°. Les accidens d'obseffion que la Demoiselle Cadiere avoit eu a Toulon avant qu'elle fût au Couvent, font prouvés, entr'autres par les Dépofitions de Catherine Artigues 36e. & de Marguerite Ricaud 55e. Témoins.

Les accidens d'obseffion qu'elle avoit continüé d'avoir au Couvent, font prouvés, outre les Lettres, par le Récolement de la Dame de Lefcot 20e. Témoin, par celui de la Dame Reimbaud 22e. de la Dame Marie Guerin 26e. & par la Dépofition de la Demoiselle Hermite, Penfionnaire de ce Monaftere. 94e. Témoins.

Les accidens d'obseffion qu'elle continüa d'avoir après sa fortie du Couvent, tant à la Baftide de Pauquet, qu'à celle de la Mere de la Querellante, & les Ecorcifmes qui lui furent faits par le Carme, en

3

préſences & de l'ordre de M. l'Evêque , ſont prouvés par le Récolement
de Claire Berarde 11e. Témoin , les Dépoſitions d'Antoine Alibert 104e.
de Meſſire Camerle 47e. Témoin , ſi dévoué au Promoteur , & qui en
parle même en pluſieurs endroits de ſa Dépoſition.

Les trois accidens de l'obſeſſion que eut dans la nuit du 16. au 17.
Novembre , dont les circonſtances ſi étonantes ſont ſi bien détaillées
car les deux Curés qui y furent appellés , ſont prouvés non - ſeulement ,
par leurs Dépoſitions , mais encore par celle de Loüis Remoüis 5. Témoins , de Clement Garnier 7. de Claire - Eſtienne Artigues 10.
de Claire Berarde 11. de Loüis - Joſeph Remoüis 14. de François Garnier 15. de François Calas 16. de Loüis Calas 17. de Cathérine Artigues 36. de Claire Berenguien 57 Témoins.

La verité de la Couronne & des Stigmates de la Demoiſelle Cadiere , & qu'ils étoient ordinairement ſanglants , eſt prouvée , 1o. Par Meſſire Giraud 2. Témoin dans ſa Dépoſition , par la Dame de Leſcot 20. Témoin , tant dans ſa Dépoſition , que dans ſon Récolement , par la Demoiſelle
Hermite 94. dans ſa Dépoſition , par la Dame Boyer , Réligieuſe 97. Témoin,
qui ajoûte que le P. Girard les avoit baiſés , après avoir ôté ſa Calote.

2o. Par les Lettres produites au Procès , & ſur tout par celle de
la Demoiſelle Cadiere du 9. Septembre , où elle dit : *Mes pieds
& mes mains furent tout à la fois enſanglantés , ſoit au deſſus , ſoit au
deſſous , comme Madame l'Abbeſſe qui en fut temoin , fut la prémiere
à m'en faire apercevoir ; ce ſang. y eſt reſté deux jours imprimé , ſans
qu'il me fût poſſible de l'ôter.* Il eſt encore prouvé par la Lettre du Pere
Girard du 22. Août 1730. que voulant faire acroire à M. l'Evêque que
dépuis qu'il avoit formé le deſſein de tirer la Cadiere de ſa Direction ,
tous les Prodiges qui ſe paſſoient en elle avoient ceſſé , afin de lui perſuader par là de la lui laiſſer ; il lui ordonne en cas que le Prélat la
queſtionnâ ſur ſes Playes , de lui répondre qu'elles étoient fermées depuis que le Pere de Sabatier avoit été la voir , & comme il ſçavoit qu'elles étoient ouvertes , il lui défend de les lui montrer *S'il parle de vos
Playes , dites - lui qu'elle ſont fermées depuis que le Pere de Sabatier fut chez
vous , & ne lui faites rien voir.*

3o. Par les reponſes de l'Accuſé. Sur le 74. inter. il avoüe d'avoir vû
4 à 5. fois les ſtigmates des Pieds , & en fait la deſcription ; ſur le 75.
il convient d'avoir fait ôter à la Cadiere les Emplatres qu'elle avoit mis à
ſes ſtigmates , & qu'il l'avoit repriſe très - ſeverement de ſon peu de courage , & de ſon peu de foy ; ſur le 76. il dit que les ſtigmates des mains
n'étoient qu'une petite impreſſion ; ſur le 77. que le ſtigmate du côté
étoit une playe ordinairement ſanglante , large , & à peu près comme une
piece de 15. ſols ſur les fauſſes Côtes , à quatre doigts au deſſous du
Teton gauche du côté du flanc ; ſur les 78. il avoüe ſous des termes
enveloppés , d'avoir baiſé le ſtigmate du côté ; ſur le 129. il convient d'avoir
vû la Couronne , & qu'elle étoit un petit Cercle large d'environ deux
doigts , & teint de Sang ; & ſur le 130. inter. il ajoute qu'une fois dans
l'Egliſe le ſang decouloit de la tête de la Demoiſelle Cadiere ſur ſon Front.

Les transfigurations de la Querelante ſont prouvées ; ſçavoir , celle
qu'elle eut dépuis le Jeudy Saint juſques au Samedy , par l'aveu de l'Accuſé
ſur les 61. & 62. inter, où il convient d'avoir vû le Vendredy Saint
la Cadiere avec les ſtigmates au coté & aux Pieds , le Viſage plein
de Sang , & une Couronne ſur la Tête , & il ajoute ſur le 68. inter.
qu'il ſe fit remettre la Serviette teinte de Sang repréſentant à peu près
un Viſage enſanglanté , dont on avoit eſſuyé celuy de la Cadiere le
Vendredy Saint.

La transfiguration du 8. May est prouvée par la déposition de Mre. Giraud. 2. temoin qui dit qu'il vit la Cadiere couchée dans son Lit avec un Visage semblable à un *Ecce Homo*, les yeux rouges comme teints de Sang, le Front avec plusieurs goutes de Sang qui tomboient sur les Joües, une empreinte de Sang sur la Levre superieure, son Menton avec plusieurs goutes de Sang empreintes ; que la Guyol étoit à Genoux devant le Lit, & qu'elle luy dit, *qui ne se convertiroit pas en voyant cela ?* par la deposition même de la Guyol 3. tem. par les reponse de l'Accusé sur les 86. & 87. interrog. où il dit que le 8. May, il vit deux fois la Cadiere le matin, & l'après-diné, qu'elle eut une transfiguration telle que celle du Vendredy Saint. Il ajoute qu'il y trouva la Guyol, la Batarelle, & la Reboul, & que beaucoup de monde l'avoit contemplée en cet état depuis le matin jusques alors.

La transfiguration du 7 Juillet est prouvée par la deposition de la Dame de Lescot 20e. Témoin, par celle de la Dame de Reimbaud 22. par celle de la Dame de Guerin 26. & par celle de la Demoiselle Hermitte 94. qui deposent que la Demoiselle Cadiere étoit sans connoissance, immobile, avec les yeux fermés, & que le Sang luy découloit de la Tête, du front, & des mains ; & les Dames de Lescot & de Reimbaud ajoûtent dans leur recolement, que le Pere Girard avoit dit de conserver l'Eau mêlée de Sang dont on avoit lavé le Visage de sa Penitente, parce qu'elle fairoit des effets merveilleux, & que la Cadiere avoit déja fait de Miracles à Toulon. La Dame de Beaussier Cadette, quoyque subornée par la Lettre de la Dame de Cogolin, a été forcée dans son recolement de convenir, qu'on avoit ensuite envoyé de cette Eau à une malade à Toulon, pour en mettre dans son Boüillon ; ce qui supose nécessairement qu'elle avoit été conservée par l'avis du Pere Girard. Et celuy-cy étoit si avide d'avoir la preuve de toutes les merveilles qui s'operoient en la Cadiere, qu'il avoit chargé la Dame de Lescot, Maitresse des Novices, d'en tenir un memoires pour servir un jour à l'édification du Public, comme elle l'a deposé, & par l'avû de l'Accusé tant sur le 116. inter. où il dit que le 7. Juillet la Cadiere eut une transfiguration toute pareille à celle du 7. Avril & du 8. May, que sur le 117. où il ajoute qu'il trouva toute la Communauté extasiée des merveilles qui s'operoient en la Cadiere.

Outre ces trois transfigurations il y en a encore deux autres arrivées, l'une le 21. Juin & l'autre le 20. Juillet, justifiée par les Lettres de la Demoiselle Cadiere des 22. Juin & 21. Juillet, dont l'Accusé a aprouvé la teneur par la production qu'il en a faite.

Plusieurs Religieuses du Couvent de Sainte Claire d'Ollioules & des Pensionaires du même Couvent, & sur tout la Dame Abbesse 18. Tem. la Dame de Reimbaud 22. la Dame Marie Guerin 26. la Dame Claire de Guerin 27. Anne Martin 29. la Demoiselle Victoire Aubert 30. la Dame Marguerite de Guerin 32. & la Sœur Artigues 33. deposent plusieurs faits de Sortilege.

Le fait que la Demoiselle Cadiere avoit été élevée en l'air est prouvé par la deposition de Mre. Giraud, qui dit que lors de la transfiguration de la Demoiselle Cadiere du 8. May, ayant demandé si cela luy étoit arrivé d'autres fois, la Guyol & la Demoiselle Cadiere Mere luy repondirent qu'il luy étoit arrivé bien d'autres choses, & qu'on l'avoit vûë élevée en l'air ; & par celle de la Dame Anne Boyer 97. Tem. qui depose que la Guyol luy avoit dit que dans le Voyage qu'elle

fit

..it à Aix avec la Demoiselle Cadiere , elle avoit vû celle - cy élevée deux pans en l'air au deſſus du Couſſin de la Chaiſe Roulante. Le Pere Girard ſçavoit ſi bien que cela arrivoit quelque fois à la Querellante, que par ſa reponſe au 88. interrogatoire, il dit que la derniere Fête de la Pentecôte elle devoit être élevée en l'air, qu'il ſe rendit chez elle pour en être le témoin , & que ſe ſentant élevée en l'air & craignant que ce fût là une penſée d'orgüeil, elle y reſiſta , & ſe prit à ſa Chaiſe pour empêcher d'être elevée , quoi qu'il luy dit de s'abandonner à l'Eſprit de Dieu ; & que comme il vit qu'elle reſiſtoit à l'operation divine, il ſortit.

Les Meſſes que la Cadiere diſoit dans le tems de ſes accidents d'obſeſſion , & de ſes Extaſes , & ſes Communions miraculeuſes , ſont prouvées par la dépoſition de pluſieurs Témoins , Meſſire Giraud 2. Temoin , depoſe quele 8. May, jour d'une transfiguration de la Querellante, la Guiol & le Pere Cadiere qu'il trouva dans ſa Chambre , lui dirent que la Cadiere avoit dit toute la Meſſe à haute voix , auſſi bien que le Canon & les Oraiſons, & que pandant qu'elle recitoit ainſi les Prieres de la Meſſe , elle avoit elevé une petite Croix qu'elle avoit entre ſes mains , & qu'on comprit alors qu'il falloit que le Pere Girard fût à l'Elevation de ſa Meſſe. La Reboul, 6. Temoin , quoyque Penitente ſtigmatiſée de l'Accuſé , & produite par le Promoteur , depoſe que la Cadiere lors de la transfiguration du 8. May , diſoit la Meſſe , expliquoit en françois ce qu'elle avoit dit en latin ; qu'elle fit l'Elevation avec la Croix qu'elle tenoit dans ſes mains , ouvrit la Bouche , tiroit la Langue en ſigne d'une perſonne qui veut communier , ſans que les Spectateurs viſſent aucune Hoſtie , & qu'elle finit la Meſſe , & donna la Benediction avec la même Croix. La Dame de Leſcot 20. Temoin , dans ſon recolement , dit qu'elle a vû dire une fois la Meſſe à la Cadiere dans ſon Lit. La Dame , de Reimbaud 22. Temoin , dit dans ſon recolement , que la Cadiere dans des Extaſes avoit dit deux fois la Meſſe dans ſon Lit, paroiſſant communier ; & qu'une autre fois elle la vit en Extaſe diſant les paroles que l'òn dit quand on communie en Viatique , ouvrant la Bouche. La Dame de Guerin 26. Temoin , dépoſe que le 7. Juillet, jour de la transfiguration de la Cadiere . lors que le Pere Girard fut arrivé, la Sœur de Beauſſier la Cadete luy dit qu'elle avoit vû communier la Cadiere , à quoy il repondit ne voulez - vous pas que je le ſçache , puiſque c'eſt moy - même qui l'ai communiée ; qu'alors la Sœur Beauſſier dit à la Dame Guerin , entends - tu cela ? Quelle merveille ! Ils ſont Saints l'un & l'autre ; & qu'enſuite le Pere Girard entrant dans la Chambre de la Cadiere qui étoit couchée dans ſon lit, lui dit : Ah ! petite gourmande , vous venez toûjours me prendre la moitié de ma portion ; & les Dames de Leſcot & de Reimbaud , dans leur confrontation avec la Cadiere , & ſur ſon interpellation , ont ajoûté que quand la Sœur de Beauſſier eut dit au Pere Girard que la Cadiere avoit communié au lit, il lui repondit : Ne voulez - vous pas que je le ſçache , puiſque je l'ai communiée moi - même ? A quoi la Sœur de Beauſſier repartit : Comment cela ſe peut - il , puiſque vous étiez à Toulon ? Ne ſçavez - vous pas qu'il y a des tranſports , repliqua le Recteur ? Ce qui frapa ſi fort la Sœur de Beauſſier , qu'elle en fut malade deux jours.

A l'égard des Viſions & des Extaſes de la Cadiere , elles étoient ſi frequentes , qu'elle en avoit en tout tems & en tout lieu , comme il eſt prouvé par preſque tous les Témoins de cette Procedure.

Elle avoit encore la connoiſſance de l'Interieur des Conſciences ; ce

fait eſt prouvé par Meſſire Giraud 2. Témoin , qui dépoſe que le jour
de la Transfiguration de 8. May, la Guiol lui dit que la Cadiere con-
noiſſoit le fonds des Conſciences ; qu'elle lui avoit deviné ce qu'elle avoit
fait , & que la Guiol lui ajoûta, on fait paſſer la Cadiere pour une Rou-
dete ; c'eſt - à - dire, qu'elle va trouver pluſieurs Confeſſeurs ; mais quand
elle fait cela, elle va trouver ces Confeſſeurs pour leur dire ce qu'ils ont
fait , afin qu'ils ſe corrigent ; & il y en a eu même qui l'en ont rémer-
ciée ; par Claire Berarde 11. Témoin, dans ſon Récolement , où elle dit
que l'Abbé Camerle lui a voit avoüé que la Cadiere lui avoit deviné
bien de choſes qui lui étoient arrivées , & qu'alors il l'apelloit une Sainte ; par la Dame de Leſcot 20. Témoin, dans ſon Récolement , où elle dit que la Cadiere avoit le ſecret des Conſciences & des Penſées les
plus cachées ; par la Dame de Guerin 26. Témoin, qui dépoſe que la
Cadiere au retour d'un Extaſe lui devina tout ce qu'elle avoit penſé ,
 e qui l'étonna extrémement , & augmenta l'idée de ſainteté qu'elle s'en
étoit formée ; pat l'avû de l'Accuſé ſur le 26. Interrogatoire, où il dit
que la Cadiere avoit des connoiſſances particulieres de ce qui ſe paſſoit en elle, de ce qui ſe paſſoit chez les autres ; & par pluſieurs des
Lettres produites au Procés , par leſquelles on voit qu'elle étoit conſul-
tée de toute part ſur des affaires de Conſcience, & même de la part de
M. l'Evêque, comme il paroît par ſes Lettres des 21. & 22. Juillet , &
ſur tout par celle du Pere Girard du 22. Août, où pour perſuader à ce
Prélat que depuis qu'il avoit formé le deſſein de tirer la Cadiere de
ſa Direction , il avoit défendu à celle - ci de donner aucune réponſe ſur
l'interieur des Conſciences à des perſonnes de qui M. l'Evêque pût le ſçavoir , afin de le porter à laiſſer la Demoiſelle Cadiere ſous ſa Direction : *Dans la conjonĉture preſente je me crois obligé pour la plus gran-*
de gloire de Dieu, & pour vôtre tranquillité, de vous défendre pour un tems
par toute l'autorité que nôtre Seigneur m'a donnée ſur vous , & dans les
termes les plus forts que puiſſe employer un Confeſſeur, un Directeur, un
Ami , un Pere, je vous défends, dis - je , 1°. De parler à qui que ce ſoit
au monde de ſon interieur propre , ni de vôtre propre interieur , quelque
mouvement qu'il vous ſemble en avoir. Ce point ne regarde ni Monſeigneur
que j'ai excepté plus haut (C'eſt là une fauſſe exception qu'il a ajoûtée
en refaiſant ſa Lettre, puiſque toute ſa teneur prouve que cette précaution n'étoit priſe que contre lui) *ni Mademoiſelle Guyol. A l'egard de*
vos Religieuſes & de toute autre perſonne qui iroit vous voir, parlez de
Dieu , mais gardez abſolument un profond ſilence, ſoit ſur leurs diſpoſi-
tions que vous pourriez connoître, ſoit ſur les vôtres même. 2°. N'ecrivez
à qui que ce ſoit à Toulon ; vous pouvez écrire allieurs , ſuivant les mou-
vemens de la Grace : Obſervez ces deux points , ma chere Enfant , avec
une exactitude inviolable juſqu'à nouvel ordre : Nôtre - Seigneur veut que
vous en uſiez maintenant de la ſorte, & il eſt indiſpenſable de le faire mê-
me à l'égard de vos proches.

Pluſieurs autres Penitentes du Pere Girard étoient dans les mêmes états
que la Demoiſelle Cadiere ; c'eſt - à - dire, qu'elles étoient dans l'obſeſſion ; qu'elles avoient des Viſions, des Stigmates & des Extaſes ; Les
accidens d'obſeſſion de la Laugier, pendant leſquels 3. ou 4. Perſonnes ne pouvoient pas s'en rendre les maîtres ? elle mordoit le Crucifix, & y crachoit deſſus, diſoit qu'on luy fit venir ce Diable de Pere
Recteur pour la tirer de ces états où il l'avoit miſe , ſont prouvés par
Claire Berarde 11. Témoin, par la Demoiſelle Julien 12. Anne Cadiere 18. Thereſe Lionne , dite l'Allemande 39. dans ſa confrontation

avec la Cadiere, Claire Roque 42. Therese Bonifay 43. Anne Belone 46. Catherine Laugier 55. Magdelaine Allemand 92 Elizabeth Guaite 98. Demoiselle Therese Villeneuve 99. & Catherine Ferrand 107. Il eſt même certain que les accidens d'obſeſſion de la Laugier continuent encore aujourd'hui, & que toute la Ville de Toulon en eſt extrêmement indignée.

La fameuſe Guiol étoit auſſi dans l'état d'obſeſſion : Elle avoit des Stigmates, des Extaſes, des Viſions, & ſçavoit auſſi l'interieur des Conſciences ; cela eſt prouvé par la Dépoſition de la Batarelle 38. Témoin, par celle de l'Allemande 39. de la Dame de Boyer 97. par la confrontation de la Dame d'Aubert, Abbeſſe 19. Témoin avec la Cadiere, par la confrontation de la Dame de Leſcot 20. par celle de la Dame de Guerin 26. auſſi avec la Cadiere.

L'Allemande Mere étoit dans les mêmes états, comme il eſt prouvé par la Dépoſition d'Anne Cadiere 18. Témoin, par celle de Marguerite Brune 58. par le Récolement de Magdelaine Allemande, ſa Fille, & par la Dépoſition même d'Allemande Mere, où après avoir avoüé qu'elle avoit été dans les mêmes états que la Cadiere, elle ajoûte qu'elle n'en avoit été délivrée que par les Exorciſmes que le Prieur des Carmes lui avoit faits.

La Reboul étoit auſſi dans les mêmes états, comme il eſt prouvé par les Dépoſitions de Meſſire Giraud, & de la Demoiſelle Joinvil'e, 2. & 100 Témoins ; telles étoient encore la Gravier, la Berluc ; ce qui avoit donné lieu a l'Allemande de dire au Pere Girard : *On diroit que les Dons du Ciel ſont chez vous aux Encheres, les voyant ſi communs à vos Penitentes*, entendant parler de leurs Stigmates, de leurs Viſions & de leurs Extaſes, comme Meſſire Gandalbert à qui l'Allemande l'avoit raconté, l'a dit dans ſa confrontation avec l'Abbé Cadiere, ſur l'interpellation de celui-ci.

On ne peut pas douter que le Pere Girard n'eut mis toutes ces Penitentes dans ces états, 1°. Parce qu'avant ſont arrivée à Toulon il n'y avoit perſonne dans ces états.

2°. Parce qu'après ſon arrivée il n'y avoit que ſes Penitentes qui y fuſſent, & qu'il n'y avoit aucune Penitente d'aucun autre Confeſſeur qui y fût.

3°. Parce que dans ces accidens d'obſeſſion, elles ne parloient que de lui, & qu'elles en parloient comme de l'Auteur de leur obſeſſion.

4°. Parce qu'il convient ſur les 41. & 42. interrogatoires que la Cadiere l'avoit conſulté pour ſçavoir ſi elle devoit accepter cet état d'obſeſſion, & qu'il ne l'en avoit pas diſſuadée. Et enfin parce que celle-ci par ſa Lettre du 24. Juillet lui avoit reproché de l'avoir jettée dans cet état d'obſeſſion, & de le lui avoir conſeillé ; & que par ſa Réponſe du 26. ni par aucune autre il n'a point conteſté la verité de ce reproche ; & il eſt ſi vrai qu'il avoit perſuadé à ſes Penitentes d'accepter l'état d'obſeſſion, en leur faiſant acroire que c'étoient là des états Divins, qu'il eſt prouvé par toute la Procedure que le Pere Girard & ſes Penitentes apelloient ces accidens des maux Divins, qui n'étoient pas du reſſort des Medecins ; & le Pere Girard vouloit ſi bien faire acroire au Public que c'étoient là des Prodiges de la Grace, qu'il refuſoit l'Abſolution aux perſonnes qui n'y ajoûtoient pas foi, comme il eſt prouvé par la Dépoſition de Marie-Anne Calas 96. Témoin.

Au reſte, nous ne prétendons pas donner pour des faits de Sortilege tous ceux que nous venons de rapporter dans ce Chapitre, puiſque la plû part peuvent être des peurs effets du Quietifme ; car fuivant Molinos en fon Traité de la Guide fpirituelle, & les Auteurs qui traitent de ces Matiére, & fur-tout Labruyere en fes Dialogues, le Quietifme a fes Obfeffions, fes Extafes & fes Vifions ; mais nous avons crû devoir renfermer tous ces Faits extraordinaires dans ce feul Chapitre, & laiffer à Meffieurs les Juges, dont les lumieres font infiniment fuperieures aux rôtres, à decider quelles font les Caufes de tous ces étonnants Effets, dont l'Accufé eft toûjours le veritable Auteur, foit qu'ils procedent de l'Enchantement, ou du Quietifme.

SUR LE QUIETISME.

Le Pere Girard eft convincu de Quietifme, & d'en avoir enfeigné les pernicieufes maximes à fes Penitentes. Il y en a deux preuves inconteftables aux Procès : La premiere eft tirée des depofitions des Temoins ; & la fecondes, des Lettres.

Meffire Giraud 2. Temoin, depofe que la Reboul & la Laugier, deux des Penitentes du Pere Girard, lui avoient avoüé qu'elles faifoient fouvent des parties de plaifir avec fes autres Penitentes ; qu'elles ne faifoient aucune Priere vocale depuis long-tems & qu'elles communioient néanmoins tous les jours ; qu'il fuffifoit de fe tenir en la prefence de Dieu, & que quand on eft uni avec lui, tout eft permis. Dans fa confrontation avec les Freres Cadiere, fur leur interpellation, il ajoûte que l'Allemande Mere, autre Penitente de l'Accufé, lui avoit avoüé que lors qu'elle étoit fous la Direction de celui-ci, non feulement elle ne faifoit aucune Priere vocale, mais encore elle étoit dans une impuiffance de prier.

Meffire Gandalbert, premier Temoin, dans fa confrontation avec l'Abbé Cadiere, dit que l'Allemande lui avoit pareillement avoüé d'avoir été dans une impuiffance de Priere fous la Direction du Pere Girard. La Berluc, 6. Temoin, Penitente ftigmatifée, produite par le Promoteur, dit dans fa depofition que la Cadiere lui difoit qu'il n'étoit pas neceffaire de faire des Prieres vocales : Il eft vrai qu'elle ajoûte que le Pere Girard lui avoit dit de continuer la recitation de l'Office : Si ce fait eft veritable, c'étoit aparemment au commencement de fa Direction parce qu'il ne la croyoit pas encore affez parfaite pour être mife dans la Contemplation paffive ; car il eft de notorieté qu'elle avoit été difpenfée de la Priere vocale, & qu'elle n'en faifoit plus depuis plus de deux ans : La Lettre du Curé de S. Raphaël, à qui elle l'a avoüé, tout recemment écrite à Meffire Chieuffe, Beneficier en l'Eglife S. Sauveur de cette Ville, en eft une nouvelle preuve.

L'Abbeffe du Monaftere fainte Claire d'Ollioules, 19. Temoin, depofe que la Demoifelle Cadiere ne pouvoit pas fuivre les exercices de la Communauté, qu'on ne la voyoit jamais en Priere à l'Eglife, & qu'elle ne faifoit aucune mortification ; Et dans fa confrontation avec la Querellante, elle ajoûte que le Pere Girard lui difoit de ne pas tant s'attacher aux Prieres vocales, mais de s'unir à Dieu par l'efprit.

La Dame Claire Guerin, Religieufe Clairifte, depofe que la Cadiere avoit commencé à la jetter dans le Quietifme & dans l'impuiffance de prier. La Dame Marguerite de Guerin, autre Religieufe du même Monaftere, depofe auffi qu'elle étoit dans l'impoffibilité de faire des Prieres vocales, & qu'elle ne pouvoit pas même fe tenir en la prefence de Dieu.

La Batarelle 38. Temoin, depofe que quand elle étoit fous la Direction du Pere Girard, elle avoit experimenté une ceffation de Prieres &
un

un rebut pour toute forte de bonnes pratiques qu'il l'avoit raffurée fur cet état, & dit que la Priere n'étoit qu'un moyen pour parvenir à l'union, & que quand une fois on y étoit parvenu, il n'en étoit plus befoin ; que pendant l'abfence de l'Accufé, s'étant trouvée dans une pareille ceffation de Prieres, & ayant confulté fur cela la Demoifelle Cadiere, elle lui dit que c'étoit là l'état d'union avec Dieu, & un état de perfection, duquel on ne pouvoit déchoir que par infidelité ; que les Démons n'avoient plus de pouvoir fur fon falut, & qu'il falloit fuivre ces infpirations interieures. La Cour fera étonnée de voir combien cette Fille de baffe extraction, & fans étude, parle fçavamment le langage & les maximes du Quietifme dans fa longue & prodigieufe depofition ; ce qui fait voir combien le Pere Girard avoit inftruit fes Penitentes de ces funeftes maximes.

L'Allemande, 39. Témoin, depofe que lors qu'elle étoit fous la Direction du Pere Girard, s'étant trouvée dans une impoffibilité de prier, & le lui ayant communiqué, il lui avoit d'abord dit de fe tenir à l'état de priere (aparemment qu'il ne la croyoit pas encore affez avancée dans le Quietifme, ni affez parfaite pour en être difpenfée) & que l'ayant affûré qu'elle ne pouvoit pas prier, il l'avoit raffurée, lui avoit dit qu'il fuffifoit qu'elle fe tint unie à Dieu. Elle ajoûte qu'elle n'avoit repris la liberté de la piere vocale que par les Exorcifmes ; & que la Guiol luy avoit avoüé que toute Priere vocale lui étoit interdite & impoffible, & qu'elle ne pouvoit pas même faire la reverence au Crucifix qu'elle avoit au chevet de fon lit, qu'elle étoit en coûtume d'adorer.

L'Accufé, qui fent combien ces Depofitions forment une conviction entiere contre lui, avoit objecté une partie de ces Témoins ; fçavoir, Meffire Giraud, la Batarelle & l'Allemande : Mais par Arrêt du 14. Août dernier, il a été debouté des Objets qu'il avoit propofez contre ces trois Temoins.

La feconde preuve de Quietifme fe tire des Lettres de la Cadiere, qu'il a produites, & encore de fes propres Lettres, toutes refaites qu'elles font, & malgré les expreffions qu'il en a retranchée, & celles qu'il y a ajoûtées en les refaifant, elles renferment pourtant encore un fond de Quietifme qu'on ne peut pas méconnoître.

Le Pere Girard par fa Lettre du 7. Juin 1730. dit à la Cadiere : *Vous êtes encore avec moi, ma chere Enfant, & je ne vous perdrai point de vûë ; vous ne m'oublierez pas de vôtre côté ; Celui qui nous a renfermé dans fon fein, nous y tiendra infeparablement unis dans le tems & dans l'Eternité : Je ferai toûjours tout à vous dans le facré Cœur de Jefus.* Voilà une union de tendreffe & de Quietifme ; pour peu qu'on foit inftruit de ces Matieres, on ne peut pas le revoquer en doute.

La Cadiere par fa Lettre du 15. Juin difoit à l'Accufé : *Vous me fîtes fentir l'autre jour que je devois m'abandonner entierement à l'Efprit de Dieu toutes les fois qu'il voudroit fe ccmmuniquer à moi ; mais je vous dirai ici, que ce matin à Matines dans le tems qu'on difoit le Te Deum, m'étant affife fur ma forme, & m'étant abandonnée comme vous me l'avez recommandé, Madame l'Abbeffe vint dans l'inftant me prendre par la tête en me fecoüant, & en me difant à pleine voix devant toutes les Religieufes, que je ne devois point refter affife pendant le Te Deum, & qu'elle m'ordonnoit de me dreffer, ce que je fis avec des peines incroyables, puifqu'il me falloit refifter malgré moi aux mouvemens interieurs que je reffentois : Ainfi vous voyez l'impoffibilité où je me trouve de pouvoir fuivre vos confeils, & les peines par confequent inévitables où je dois m'attendre de plus en plus.*

C

Le Pere Girard par ſa Lettre du même jour lui repond : *Le Te Deum ſe dit toûjours debout : Vous avez été ſaiſie dans la circonſtance la plus delicate de l'Office : Nôtre-Seigneur a voulu vous menager encore par là une petite mortification : Je vous ai dit de vous y attendre ; mettez tous à profit. Quand avec un mediocre effort vous pouvez reſiſter aux impreſſions pendant l'office, faites-le ; s'il eſt trop difficile abandonnez-vous au bon Dieu, & abandonnez lui en même tems toutes les petites ſuites : Dans les autres rencontres ne forcez pas violemment l'Eſprit interieur.* Et à la fin de la même Lettre il ajoûte : *Demain je vous offrirai avec moi à Dieu dans le cœur, & par le cœur de ſon cher Fils à la Ste. Meſſe, qui ſera pour l'un & pour l'autre ; c'eſt là que je vous porte, & que je pretens toûjours vous trouver : N'en ſortons point, nous ſerons en lui entierement unis pour maintenant & pour toûjours.*

Dans la Lettre du 22. Juin la Cadiere dit : *Toute conſternée j'aperçûs en me relevent que les merites du Sang de Jeſus-Chriſt couloient abandamment ſur moi & ſur une autre perſonne que je vous dirai en ſon tems,* (c'étoit le Pere Girard) *& il me dit qu'il pretendoit que je m'unis avec lui dans ſon Sacrifice, pour expier les deſordres de cette Communauté, qui lui étoit juſques là abominable* Et dans ſa Lettre du 28. du même mois au commencement, elle lui dit : *Quoique je vous ſois plus intimement unie, comme vous ſçavez, que ſi j'étois ſans ceſſe auprès de vous ; vôtre preſence cependant me ſeroit abſolument neceſſaire pour me donner des remedes prompts à mes maux continuels.* . . . . Et à la fin elle ajoûte : *Je ſuis avec un profond reſpect & une parfaite union dans le ſacré Cœur de Jeſus, mon cher Pere, vôtre trés-humble, &c.*

L'Accuſé, dans ſa Lettre du 29. Juin luy marque : *Laiſſez agir nôtre Divin Maître de vôtre côté, ma Fille, & tenez vous ſeulement bien ſoûmiſe & bien docile à toutes ſes impreſſions : Toute vôtre attention doit ſe borner là : Ne penſez, au reſte, à ce qui ſe paſſe en vous & au tour de vous, ſoit par raport aux maux, ſoit par raport aux biens qui vous ſont envoyez, qu'autant qu'il eſt beſoin pour m'en rendre compte : Conſiés vous toûjours en la bonté de Jeſus Chriſt, & ne craignez point ſes Ennemis & les vôtres, ils ne feront jamais que ce qu'il leur ſera permis de faire, & ce qu'il leur ſera permis de faire tournera à leur confuſion, à nôtre propre bien, à l'avantage du prochain, & à la plus grande gloire du cher Epoux.*

La Cadiere, dans ſa Lettre du 3. Juillet, lui marque : *Je vous dirai ici que dans le tems que vous me donniez l'abſolution, le Seigneur m'ayant attirée à lui, j'eus la liberté de lui demander la grace de ne plus penſer à moi même ; & depuis ce tems là il m'a tellement exaucée dans ma Priere, que je ſuis dans un oubli entier de moi-même, & que rien d'ici bas n'eſt plus capable de me toucher. Il me ſemble que je ne vis plus parmi les Créatures ; Dieu ſeul m'occupe toute entiere à chaque moment du jour ; & ce qu'il y a de plus particulier, mon cher Pere, c'eſt que ce qui me faiſoit le plus de peine, ne m'en fait plus aujourd'hui : Vous ſçavez que rien ne m'étoit plus cher que de dérober à la vûë de la Communauté les graces particulieres dont il daignoit me faire part & me favoriſer : & cependant pour le preſent, je ne ſouffre aucune peine de m'abandonner à l'Eſprit de Dieu qui m'occupe par ſon immenſité comme un Ocean, quoique cependant je ne diſtingue pas en particulier ce qui m'occupe ; au contraire j'en reſſens comme une eſ-*

pece de joye à cause des grands biens que les misericordes du Seigneur produisent dans la Communauté, comme je m'en aperçois, & à cause que je suis assurez qu'il en tirera toute la gloire qui lui est duë, & qu'il achevera par consequent par là l'œuvre qu'il a commencez en moi. Je vous suplie toûjours de vous ressouvenir de moi dans vos Saints Sacrifices de la Messe; pour moi vous devez être persuadé que je vous mene toûjours avec moi, & que je vous serai toûjours parfaitement unie dans le sacré Cœur de Jesus.

Le Pere Girard dans sa Reponse du 4. du même mois, lui dit : *Mon Dieu, que vous me faites de plaisir, ma chere Enfant, s'il est vray que Nôtre-Seigneur vous accorde la grace de vous bien oublier vous-même! Que vous allez être au large! Que vous aurez de liberté! Que nôtre bon Maître avancera promptement son ouvrage! Laissez-le tout faire, ma Fille, & n'arrêtez plus sa main .... La Communauté fera, pensera, ce qu'il lui plaira; il faut que Marie Catherine soit toute à Jesus Christ, ou plûtôt il faut qu'elle disparoisse, ou qu'elle se perde, pour qu'il n'y ait plus que son Epoux qui agisse, qui parle, qui se montre. Quel bien ne fera pas ce Divin Sauveur dans la Maison où vous êtes, lorsqu'il n'y aura plus que lui qui vous anime, & qu'on n'apercevra que vous en lui? Ah! ma chere Enfant, hâtez-vous, mourez vite; la belle vie que celle qui suivra, & que la gloire du St. amour sera grande! ..... Demande-lui bien, ma Fille, pour Jean Baptiste la même faveur.*

La Demoiselle Cadiere, par sa Lettre du 9. Juillet, dit : *Samedi pendant la celebration de la Messe, je me sentis fropée d'un atouchement divin, qui s'imprima dans moi avec tant de vehemence, qu'il me renversa tout d'un coup par terre ..... Depuis lors, mon cher Pere, je me trouve dans l'abime de la Divinité, qui fait tout mon bonheur, ma felicité & mon martire tout à la fois, lequel s'il continue, me donne lieu de croire que je ne vivrai pas long-tems, & que de l'image je passerai bien-tôt à la réalité. Pour vous, je decouvre le même bonheur, si vous lui êtes fidele, comme je le demande continuellement à Nôtre Seigneur, soit pour vous, soit pour moi.*

L'Accusé dans sa Lettre du 16. après avoir exhorté sa Penitente à faire aveuglement tout ce qu'il lui ordonnoit, & à ne faire plus aucune sorte de resistance, parce que le St. amour en seroit bien blessé, (ce qui ne regardoit pourtant veritablement que la repugnance qu'elle avoit pour ces libertez criminelle qu'il vouloit prendre continuellement avec elle, & pour la discipline qu'il lui vouloit donner par un rafinement de libertinage, en lui faisant accroire que c'étoit la volonté du bon Dieu,) lui dit : *Prenez garde, ma chere Fille, qu'il ne vous échape rien d'opposé aux volontez de nôtre grand Maître: Ne dites jamais je ne veux pas; je ne ferai pas; le St. amour seroit bien blessé de cette resistance, & j'aime assez mon Dieu pour être infiniment touché d'une pareille faute de vôtre part, si vous en êtiez capable.* Il ajoûte : *Ne ferez vous pas, ma Fille, ce que je vous conseillerai, & ce qui me paroîtra le plus glorieux pour Jesus-Christ, le plus utile pour vous, le plus avantageux au Prochain? Vous m'avez tant promis de n'avoir plus de volonté; n'oubliez jamais que les faveurs reçuës & les desseins de Dieu sur sa petite Creature, demandent un abandon absolu & une remise totale entre ses mains.* Il finit sa Lettre par lui dire : *Je suis avec vous, & avec vous plus que je ne puis dire.*

La Demoiselle Cadiere, par sa Réponse du 21. lui dit : *Pour ce qui regarde le sacrifice que vous exigez de moi, je ne sçaurois vous dire tout ce que je souffre, & tout ce que j'ai encore à souffrir: Si j'écoutoit la tentation, vingt fois je me trouverois disposée à retracter la parole que je vous ai donnée* : (Cette parole étoit de se soûmettre à la discipline qu'il lui donnoit, & à toutes les libertez qu'il prenoit elle sur par la Fenêtre de la Grille du Parloir.) Par sa Lettre du lendemain 22. après lui avoir fait le détail d'une vision pleine d'impietez & de blasphémes, elle ajoûte : *Ce matin je n'ai reçû vôtre Lettre que sur les dix heures à la vérité, mais auparavant vers les huit heures j'ai été avertie interieurement de m'unir avec vous, afin de remercier le Seigneur des misericordes qu'il daigne nous faire, tant à l'un qu'à l'autre. . . . . Je suis, en attendant vôtre Reponse avec impatience, toûjours étroitement unie dans le sacré Cœur de J. C.*

Le Pere Girard, dans sa Lettre du même jour, lui repond : *Je rends mille graces à Nôtre-Seigneur de la continuation de ses misericordes : Pour y repondre, ma chere Fille, oubliez-vous & laissez faire ; ces deux mots renferment la plus sublime disposition.*

La Demoiselle Cadiere, dans sa Lettre du 3. Août, lui marque : *Mon état present est un denuëment total, où il n'y a plus ni graces, ni faveurs, ni lumiere, ni connoissance, ni dessein particulier.* Voila cette sublime disposition du Quietisme que le Pere Girard lui avoit tant conseillée de vive voix, & par toutes se Lettres, & si loüée par celle du 22. Juillet. Aussi par sa Réponse du même jour 3. Août, il lui dit *Ayez donc courage, ma chere Petite ; soûmmettez-vous à tout & laissez faire ; consentez qu'on vous dépoüille absolument de vous-même ; agréez de mourir à tout pour ne vivre plus que de la vie surnaturelle de Jesus-Christ : Voilà ce que je souhaite, mon Enfant, pour vous & pour moi.*

La Demoiselle Cadiere par sa Lettre du 9. Septembre dit : *Je ne veux que vous seul, mon Dieu ; je ne demande ni vos Dons, ni vos Faveurs, ni vos lumieres ni les Graces que vous accordez aux ames qui vous sont fideles, mais uniquement vôtre grande Misericorde : Ce n'est ni à vos Dons, ni à vos Graces que je m'attache, mais seulement à vous être fidele, & à me conserver à vous en tout & par tout.*

On n'a qu'a comparer tout ce que nous venons de raporter des Dépositions des Témoins & des Lettres, quoique refaites, avec les Propositions de Molinos, condamnées par la Bule d'Innocent XI. & à celles condamnées par la Bule d'Innocent XII. & par plusieurs Mandemens des Evêques de France, raportez par Dupin au 17e. Siécle de l'Histoire Ecclesiastique de la derniere Edition, & l'on y trouvera une entiere conformité. Il est si certain que le Pere Girard est Quietiste, que le Procés de la Demoiselle Cadiere n'est pas la premiere époque de cette découverte ; bien de Gens s'en étoient aperçûs à Aix dans ses Prédications, & l'on connoit de ses anciennes Penitentes en cette Ville si entachées de ces erreurs, qu'on n'a pas pû encore les en bien guerir, malgré tous les soins que leurs nouvaux Directeurs y ont pû prendre.

En vain les Jesuites, qui voient leur Confrere pleinement convaincu de Quietisme, disent que le Parlement n'en peut pas connoître, & que la connoissance de l'Heresie apartient à l'Eglise : Il est vrai que quand il s'agit de fixer le Dogme, c'est à l'Eglise de le faire ; mais une fois qu'il a été fixé par l'Eglise, comme il l'a été icy par les Bules d'Innocent XI. & d'Innocent XIII. & par les Jugemens des Evêques de France, & qu'il n'est plus question que de punir les Infracteurs, il n'y a plus que la Justice Royale qui puisse infliger des peines proportionnées à l'attrocité de ce crime : L'Eglise n'a pas la puissance du glaive, mais seulement des peines Canoniques. Nos Livres sont pleins d'Arrêt qui ont condamné à la mort des Prêtres pour crimie d'Héresie ; l'Ordonnance Criminelle, Tit. prémier, Art. 11. en a même fait un cas Royal ; &

l'Arrêt

l'Arrêt du Conseil d'Etat du 16. Janvier dernier n'a-t-il pas attribué au Parlement en premiere inſtance, la connoiſſance de tous les Crimes dont le Pere Girard eſt accuſé ?

SUR L'INCESTE SPIRITUEL.

C'eſt une Maxime convenuë entre les Parties, que les Crimes de cette eſpece ne peuvent pas ſe prouver par des Témoins occulaires, mais ſeulement par des preſomptions preſſantes & concluantes. Or nous avons ici non ſeulement une foule de preſomptions de cette qualité, mais encore les preuves les plus formelles qu'on ait jamais raporté de pareils Crimes.

La premiere ſe tire de ce que le Pere Girard eſt convaincu de Quietiſme, & d'en avoir enſeigné à ſes Penitentes, & ſur tout à la Demoiſelle Cadiere, les pernicieuſes Maximes ; car comme les Quietiſtes prétendent, ſous prétexte de leur union avec Dieu, que tout leur eſt permis, & que les actions les plus infames ſont indifferentes, & même avantageuſes à l'Ame, on peut dire que ce Quietiſme charnel eſt le grand chemin de l'impureté. Auſſi les Quietiſtes, ſous pretexte du pur amour, de l'amour Divin, ſe livrent à toute ſorte de diſſolution, & c'eſt ce qu'ils appellent Baiſers, Attouchemens, Mariages ſpirituels, comme on le peut voir dans Mr. de Meaux, & dans le 7e. Dialogue de la Bruyere ; & c'eſt par cette voye que tous les Directeurs Quietiſtes, à l'exemple de Molinos leur Chef, abuſent de leurs Penitentes, en commençant par leur preſanter le pur amour, ou l'amour Divin pour objet, & en y ſubrogeant enſuite l'amour charnel, ſous la fauſſe aparence d'une union ſpirituelle. C'eſt ainſi que le Pere Girard eſt parvenu à abuſer de pluſieurs de ſes Penitentes, & ſur tout de la Demoiſelle Cadiere, en lui perſuadant que Dieu l'avoit uni avec elle ; que c'étoit là une union en Jeſus Chriſt, que pour plaire à Dieu il falloit remplir tous les devoirs de cette union conjugale, & en lui faiſant regarder toutes les voluptez de l'amour prophane comme des Attouchemens de l'amour Divin : C'eſt dans ce ſens qu'il faut prendre toutes ces unions dont il eſt parlé dans les Lettres aux endroits dont nous avons raporté les termes, & cette union intime dans le ſacré Cœur de Jeſus qui fait la cloture de toutes ces Lettres ; ce qui ne permet pas d'en douter, c'eſt que dans une Viſion dont il eſt parlé dans le 27. Interrogatoire de l'Accuſé, il ſembloit à la Demoiſelle Cadiere d'avoir vû le nom de Iean Baptiſte, qui eſt celui de ſon Directeur, & celui de Catherine, qui eſt le ſien, unis & écrits dans le Livre de Vie ; que dans ſes Extaſes, lorſqu'elle étoit au Couvent d'Ollioules, elle diſoit en prononçant le nom de Iean - Baptiſte & de Marie - Catherine, qu'elle avoit fait ſon Mariage depuis un an ; que dans les Oraiſons de la Meſſe qu'elle diſoit dans ſes raviſſemens, elle mêloit les noms de Iean-Baptiſte & de Marie Catherine, comme il eſt prouvé par la Depoſition de la Dame Marie Guerin 26. Témoin, & par le Recolement de la Dame Claire Guerin 27. & que dans ſes Réponſes devant l'Official elle dit que toutes les fois que le Pere Girard lui manioit le ſein, elle recevoit des graces & des faveurs, & qu'elle étoit charmée par des ſentimens qui lui paroiſſoient tout Divin, ce qui montre qu'il l'avoit jettée dans un effroyable Phanatiſme.

La ſeconde preuve de cet Inceſte ſpirituel ſe tire de la frequentaion continuelle de ce Directeur avec ſa Penitente, contre la prohibition des Canons, & même de celle de ſa regle. Iuſques au commencement de ſon obſeſſion il l'obligeoit à l'aller voir tous les jours aux Jeſuites ſous prétexte de lui rendre compte de ſes états. Depuis lors juſques au mois de Juin, qu'elle fut au Couvent, il l'alloit voir preſque tous les jours à ſa Maiſon où il demeuroit 3. ou 4. heures avec elle. Ces viſites ſi frequentes qu'il faiſoit ordinairement tout ſeul, contre la défenſe de ſa Regle Tit. *de Sacerdot.* Nº. 18. ſont prouvées par la depoſ. de Loüis Remoüis 5. Témoin, par celle de Claire Eſtienne Artigues 10. de Claire Berarde 11. de Loüis-Joſeph Remoüis 14. de François Garnier 15. de François Calas 16. d'Anne Cadiere 18. de Catherine Artigues 36. de Marguerite Ricaud 55. de Claire Berenguier 57. de Catherine Boyer 59. de Gabriël Hauteſſerre 62. de Pierre Meiffien 63. d'Elizabeth Galotte 90. & de Claire Durand 102. Et lors qu'elle fut miſe au Couvent, il l'alloit voir très ſouvent, & paſſoit les jours entiers avec elle au Parloir, comme il eſt prouvé entr'autres par la Demoiſelle Hermitte 94 Témoin, tant dans ſa Dépoſition que dans ſa Confrontation avec le Pere Girard, & par Marguerite Ainaude 109. Témoin.

La 5ᵉ preuve ſe tire du commerce continuel des Lettres qui étoit entre ce Directeur & ſa Penitente, comme il eſt juſtifié par celles qui ſont produites au Procès, & encore plus par la Lettre de l'Accuſé du 22. Juillet, où après avoir dit au commencement : *Voicy la troiſième Lettre en trois jours*, il ajoûte enſuite : *Cette Lettre-ci vous dit que vous venez toûjours après moi, & il eſt dangereux que vous ne m'atteigniés point, à moins que vous n'en écriviés deux par jour* ; il eſt certain que dans les trois mois & demi qu'elle a reſté au Couvent, il luy a écrit plus de 80. Lettres, & elle plus de quarante, quoi qu'elle fût toûjours en arriere pour cela. Or ſi ce Directeur s'étoit borné à la charité de la Direction auroit-il entretenu un pareil commerce de Lettres avec une jeune Fille, contre la prohibition de ſa Regle au Chap. *Regular Præp.* Nº. 2.

La quatriéme preuve ſe tire de la qualité des Lettres que ce Directeur écrivoit à ſa Penitente. Si l'Accuſé n'avoit pas pris la frauduleuſe précaution de retirer ſes Letres & de les réfaire, nous n'aurions pas eu beſoin du ſecours de la preuve vocale pour le convaincre de cet Inceſte ſpirituel ; mais c'eſt préciſement cette démarche de ſa part qui doit prouver que toutes les Lettres qu'il a retirées étoient de la même qualité que celle du 22. Juillet qui nous eſt reſtée comme par miracle, & de celle qu'il avoit dictée à la Guiol ſa Confidente le 30. Août : Les preuves que ſes autres Lettres étoient de la même qualité que les deux que nous avons, & qu'il a refait les 16. qu'il a produites, ſont bien ſenſibles.

La prémiere eſt tirée de ce qu'en mettant ſa Penitente au Couvent Ste. Claire d'Ollioules, il avoit ſtipulé de l'Abbeſſe, que les Lettres qu'il écriroit à cette prémiere, ne paſſeroient point ſous ſes yeux, nonplus que les Réponſes qu'elle lui fairoit, comme il eſt prouvé par ſa Lettre du 5. Juin 1730. raportée à la Page 7. de nôtre prémier Mémoire.

La ſeconde ſe tire de ce que ſi ces Lettres n'avoient contenu que des conſeils charitables de Direction, lors qu'il ſçût que M. l'Evêque avoit reſolu de donner un autre Directeur à la Cadiere, il ne les auroit pas fait retirer avec tant d'empreſſement par la Gravier, une de ſes Penitentes ſtigmatiſées, qu'il envoya exprès au Couvent ; il auroit au contraire été bien-aiſe qu'elles fuſſent reſtées entre les mains de la Querelante pour ſa propre juſtification.

La troisiéme est fondée sur ce qu'il est prouvé par la Procedure, & sur tout par la confrontation de la Batarelle, 38e. Temoin, avec la Demoiselle Cadiere, que le Pere Girard écrivoit à celle-ci deux sortes de Lettres : Les unes, qui n'étoient que pour en faire montre & qu'il signoit devoient passer par les mains de l'Abbesse ; & il faisoit rendre les autres, qui étoient des Lettres de tendresse & qu'il ne signoit pas, immediatement à la Demoiselle Cadiere par ses Penitentes stigmatisées. Cette difference est encore prouvée par la Lettre galante du 22. Juillet, qui n'est point signée, & par sa Lettre de congé du 15. Septembre, qui est signée.

La quatriéme consiste en ce qu'il ne produit que 16. Lettres, quoiqu'elle l'ait interpellé de les produire toutes.

La cinquiéme se tire de ce que la Lettre de la Demoiselle Cadiere, du 26. Août 1730. prouve que celle du Pere Girard du 22. a été refaite, puisqu'elle se plaint dans sa Lettre que celle du Pere Girard étoit pleine de dureté & de reproches sanglants, tandis que la Lettre de l'Accusé, telle qu'il l'a produite, ne renferme rien de pareil.

La derniere se tire de la difference extrême qu'il y a entre la Lettre du 22. Juillet & les 16. qu'il a produites au Procés : Cette premiere est une Lettre pleine d'enjoüement, de tendresse & de passion, & les autres sont d'un stile bien different ; cependant malgré la refection qu'il en a faite, dans laquelle il a retranché les expressions les plus fortes, on ne laisse pas d'entrevoir sa passion pour sa Penitente, aussi bien que dans celles de celle-ci, quoiqu'elle fût obligée de mesurer ses expressions, par raport à ses Freres qui lui prêtoient leur main, & qui n'avoient garde de soupçonner ce mistere d'iniquité : Il suffira pour le prouver, de raporter ici quelques endroits des Lettres des Parties.

La Demoiselle Cadiere, dans sa Lettre du 11. Juin, lui dit : *Il ne me reste que vous seul en cette vie, mon cher Pere, qui puissiez m'aporter quelque consolation, & me donner ces premiers moments de joye, de douceur & de tranquilité que j'ai perdus de vûë depuis le premier moment que je suis entrée dans cette Maison. Vingt fois du jour je soûpire après l'heure favorable où je pourrai vous voir pour vous communiquer de vive voix ce fonds de mes miseres, ne pouvant me communiquer à tout autre ; ce qui ne fait pas chez moi le moindre sujet de mes peines, comme vous devez en être convaincu : Ainsi hâtez-vous, mon cher Pere, le plûtôt que vous pourrez de venir donner la guerison à une pauvre malade digne de vôtre compassion. Et sur la fin de cette Lettre : Je me reserve à vous devoloper de vive voix bien de petits secrets que je n'ose vous exposer par écrit.*

L'Accusé par sa Lettre du 29. Juin, lui dit : *J'ai autant de desir & d'empressement que vous, ma chere Fille, de nous voir bientôt ensemble : J'avois déterminé demain vendredi d'aller à Ollioules ; mais il m'est venu depuis hier un petit mal de gorge, qui me fait craindre que nous ne soyons privez l'un & l'autre de parler si tôt de près & à cœur ouvert* Et dans sa Lettre du 16. Juillet, il lui dit : *Bon soir, ma chere Enfant, je suis avec vous, & avec vous plus que je ne puis dire.*

TENEUR DE LA LETTRE DU PERE GIRARD,
du 22. Juillet 1730.

Voici ma chere Enfant, la troisiéme Lettre en trois jours : Tachez de m'obtenir du tems. Dieu soit loüé : Bientôt peut-être ne pourrai-je plus rien faire que pour celle à qui j'écris ; toûjours sçai-je bien que je la porte

par tout, & qu'elle est toûjours avec moi, quoique je parle & j'agisse
avec d'autres personnes. Je rends mille graces à Nôtre Seigneur de la continuation de ses misericordes Pour y répondre, ma chere Fille, oubliez vous
& laissez faire : Ces deux mots renferment la plus sublime disposition. Ne
dites mot sur tout ce que vous a recommandé Monseigneur : Nous verrons
nous deux ce qu'on peut faire & dire. Il est arrivé ce matin, & je lui
ai déja parlé de vous par occasion : Je ne crois pas qu'il aille à Ollioules ;
je lui ai fait entendre que cet éclat ne convenoit pas : Je pourrai peut-être
par occasion lui parler de la Ste. Messe. Le Grand Vicaire & le Pere de
Sabatier iront aparemment Lundi vous voir : Ce dernier, aprés lui avoir
parlé, m'a fait entendre qu'il ne vous demanderoit rien; mais si par hazard
ou l'un ou l'autre s'avisoit de le faire, & même au nom de l'Evêque,
ou souhaitoit de voir quelque chose, vous n'avez pour toute réponse qu'à
dire qu'il vous est étroitement défendu de parler & d'agir. Mangez gras,
comme on le veut, je vous l'ai écrit : Oüi, ma chere Enfant, j'ai besoin
d'assurance ; vous n'en serez pas la victime. N'ayez point de volonté &
n'écoutez point de repugnance vous obéirez en tout comme ma petite Fille,
qui ne trouve rien de difficile quand c'est son Pere qui demande. J'ai une
grande faim de vous revoir, & de tout voir : Vous sçavez que je ne demande que mon Bien, & il y a long-tems que je n'ai rien vû qu'à demi.
Je vous fatiguerai, eh bien ! Ne me fatiguez-vous pas aussi ? Il est juste
que tout aille de moitié. Je connois bien qu'enfin vous deviendrez sage :
Tant de graces & d'avis ne deviendront pas inutiles. Je suis ravi que
vous soyez contente du Pere Gardien ; je le recommanderai au bon Dieu :
N'oubliez pas de vôtre côté ma Malade, ma Sœur & les autres personnes que je vous ai recommandées: Mademoiselle Guiol vous trouva hier
mourante, & vôtre Frere vient de dire que vous vous portez à marveil-
le. Vous êtes une inconstante ; ce seroit bien pis si vous deveniez gourmande. Patience : je voulois sçavoir si le maigre se suporteroit ; le tems nous
instruira. Commencez toûjours ces jours d'abstinence par le maigre ; s'il ne
passe pas, ou s'il revient d'abord, faites aussi d'abord gras : Suivez cette regle, nous découvrirons la Ste. volonté de nôtre Maître. S'il faut
sortir, c'est une nouvelle & une grande peine pour vous & pour moi; mais
le bon Maître soit beni, nous serons soûmis & nous consentirons à tout.
Bon soir, ma chere Enfant : Pourrez-vous déchiffrer mon griffonnage ? Comp-
tez bien ; cette Lettre-ci vous dit que vous venez toûjours après moi,
& il est dangereux que vous ne m'atteigniez, à moins que vous n'en
écriviez deux par jour. Adieu, ma Fille ; priez pour vôtre Pere, pour vôtre
Frere, pour vôtre ami, pour vôtre Fils, & pour vôtre serviteur : Voilà
bien de titres pour interesser un bon cœur.

    La Demoiselle Cadiere par sa Réponse du 24. lui dit : Je serai plus attenti-
ve à l'avenir à ménager vôtre tems ; cela n'empêchera point cependant que je
ne vous mene par tout avec moi, m'étant aussi cher que vous l'êtes. . . . . .
Je vous attends avec impatience pour rassasier la faim. que vous avez de me
voir. Ne soyez point en peine de vôtre Bien ; il vous est tout devoüé : Venez

nez au plûtôt contenter vôtre petite curiosité ; mais à condition que ma soûmiſſion vous dédommagera une fois pour toutes de vos peines, & que vous ne conterez plus ſi exactement avec moi pour l'avenir : Peut-être que mon obéïſſance vous donnera lieu de retracter vos petits reproches ſur ce ſujet. . . . Si je deviens gourmande, penſez que je ne vous pardonnerai jamais, puiſqu'il y aura de vôtre faute. . . . . Pour ce qui regarde vos Lettres, je ſçais bien que je ſuis en arriere ; mais dans l'état continuel de ſouffrance où je me trouve, j'y vais de bonne foy, & je ne compte point aprés vous ; faites en de même de vôtre côté, & contentez-vous ; de ma bonne volonté : Celui qui pourra écrire d'avantage, en aura plus de merite. J'eſpere que vous me rendrez cette juſtice, auſſi bien que celle de croire que je vous ſuis intimement unie dans le ſacré Cœur de Jeſus, mon cher Pere, vôtre très-humble, &c. Il faudroit être bien novice en amour, pour ne pas trouver dans cette lettre du Pere Girard du 22. Juillet & dans cette Réponſe de ſa Penitente du 24. les preuves non ſeulement de la flâme dont il brûloit pour elle, mais encore de leur commerce inceſtueux, ſans avoir beſoin d'emprunter ici le ſecours d'aucun Commentaire.

Enfin la Lettre que le Pere Girard fit écrire par la Guiol à la demoiſelle Cadiere, & qu'il dicta à la Guiol le 30. Août 1730. tems auquel M. l'Evêque avoit reſolu de donner un autre Directeur à la demoiſelle Cadiere, & qu'elle avoit déja déclaré à la Guiol qu'elle vouloit quitter la Direction du Pere Girard, où il a ſi bien dépeint ſa déſolation & ſon déſeſpoir, eſt une preuve ſans replique de ſon commerce inceſtueux avec ſa Penitente, & que la Guiol en étoit l'indigne confidente. Cette lettre prouve encore que l'Accuſé, pour tâcher de couvrir ce miſtere d'iniquité, abuſoit des termes conſacrez à la pieté, ce qui eſt aſſez propre à donner la clef de ſes autres lettres, où l'on trouve cet affreux mélange d'expreſſions d'amour & de devotion. Il ſuffit de raporter ici la teneur de cette Lettre du 30 Août :

Ma trés chere Sœur, Lundi arrivant à Toulon vers l'heure du midi, je fus me deſcendre à la Porte des Jeſuites ; je vis un moment, nôtre cher Pere abîmé dans la derniere déſolation : Il me dit d'abord que ſi j'avois quelque choſe de déſolant à lui dire, je n'avois qu'à me taire, & que je ne manquaſſe pas de lui écrire ſur le champ & lui porter ma Lettre le ſoir aprés ſon Sermon aux Dame de Ste. Urſule ; ce que je fis avec beaucoup de difficulté, & je mis ſur le papier ce que nôtre grand Dieu m'inſpira. J'ay été ce matin le voir, de retour de la Campagne depuis le ſoir de St. Auguſtin. Je ne ſçai ſi au dernier moment de ſa vie il ſera plus mourant qu'aujourd'hui : Je lui ai demandé quelle étoit ſa diſpoſition, & ſi ſa douleur étoit toûjours la même. Il m'a répondu avec grande confiance que ſon amertume augmentoit de moment en moment & que ce matin en s'éveillant il avoit eu un redoublement de déſolation, & qu'il m'a donné à comprendre qu'il lui ôtoit entierement la parole. Ma très chere Sœur, je vous laiſſe à penſer à quel point doit être l'excés de ma triſteſſe, voyant les deux perſonnes que j'aime & que j'eſtime le plus au monde, reduites à la derniere des épreuves ; & tout cela, qui en eſt cauſe ? C'eſt vous, ma très-chere Sœur il ne falloit de vôtre part qu'un ſeul mot de réponſe ſur le champ avec grande ſimplicité, & l'on auroit été en paix. Quand vous me dites que nôtre bon Dieu n'aprouve pas vôtre Reponſe ſur la Lettre reçûë, aprés l'ordre de vôtre cher Pere, vous me fites une grande compaſſion : Il reçût vôtre Lettre le Dimanche ſur les neuf heures du matin, dont il a lieu d'être très-mécontent : Vous ne lui repondez que bien de juſtifications de vôtre part, & tout le tort pour lui, Dieu ſoit beni : Qu'il daigne vous ouvrir les yeux une fois pour toutes. Quoiqu'il en ſoit, Vendredi ſa charité le conduira à Ollioules, aprés avoir dit la Meſſe ici à Toulon : Ma très-chere Sœur, je vous demande en grace par les merites de Jeſus-Chriſt, de lui parler avec toute la ſincerité qu'il vous ſera poſſible ; puiſqu'il veut bien vous conſoler, faites en ſortes qu'il le ſoit à

son tour. Vous n'ignorez pas que la grande part que je prends à ce qui vous concerne,
me donne la liberté de vous parler de la sorte ; mais pardon ma chere bonne ; je finis
en vous temoignant toute la part que je prends à la consolation que vous recevrez Ven-
dredi, jour destiné au plus grand de tous vos bonheurs. Ma chere Sœur je vous embras-
se du meilleur de mon cœur ; je m'unis toûjours plus étroitement avec vous, & ne vous
quittant jamais au pied de la Croix de Nôtre Sauveur Jesus-Christ. Bon soir.

La cinquiéme preuve est tirée de deux faits qui suposent necessairement ce commerce incestueux. Le premier consiste en ce qu'il est prouvé par le Recolement de la Dame de Lescot, Maîtresse des Novices, 20. témoin, qu'elle avoit lû une lettre du Pere Girard, par laquelle il marquoit à la demoiselle Cadiere d'un air badin, que si elle n'étoit pas sage il lui donneroit le foüet, & la demoiselle Batarelle, 38. témoin depose que la demoiselle Cadiere lui avoit avoüé dans un tems non sus-, pect, que le Pere Girard lui avoit donné la discipline au Parloir d'Ollioules ; on verra dans la suite qu'il la lui avoit donnée aussi dans sa Chambre par un raffinement de volupté. Et l'autre fait est qu'il avoit envoyé à sa Penitente un Formulaire de Confession, contenant le détail des fautes dont elle devoit s'accuser, en cas qu'elle se confessât au Directeur du Monastere ou à un autre qu'à lui, avec défenses de lui rien dire de plus. Cela est prouvé par la déposition de la demoiselle Victoire Aubert. 30. témoin, & par la confrontation de la dame de Lescot avec la demoiselle Cadiere, qui disent d'avoir vû ce Formulaire de la Confession.

La sixiéme preuve est tirée des libertez criminelles que l'Accusé est convaincu d'avoir prise sur sa Penitente, dont il y a ici deux preuves:

La premiere est tirées de ses propres avûs ; & la seconde, des témoins de la Procedure.

Sur le 74. Interrogatoire il avoüe d'avoir vû 4. ou 5. fois les Stigmates des pieds de la demoiselle Cadiere, & il en fait la description, sur le 77. d'avoir vus le Stigmate du côté qui étoit à 4. doigts au-dessous du Teton gauche; sur le 78. Il avoüe en termes envelopés, d'avoir baisé ce Stigmate du cœur ; & sur le 12. Interrogatoire de ses secondes réponses, il convient d'avoir touché les cottes de sa Penitente, & l'os sternon de devant sa poitrine, en faisant acroire faussement à celle-ci que ces côtes étoient relevées par une surabondance de graces.

En vain il prétend que c'étoit pour verifier si ces playes étoient naturelles ou surnaturelles, & pour éclaircir les doutes qu'il avoit sur les Faits extraordinaires qui se passoient en la Cadiere ; soit parce que si cela qui été, il auroit fait faire cet examen par des Medecins & des Chirurgiens, & ne l'auroit pas fait lui-même tout seul à porte fermée, & sans vouloir y laisser assister la Mere, qui étoit instruite de tout ; soit encore plus parce que nous avons prouvé invinciblement à la Page 9. & suivantes de nôtre Réponse à son premier Mémoire, qu'il n'avoit point de doute là dessus, & qu'ainsi toutes ces libertés sont une preuve de son commerce avec sa Penitente.

La seconde preuve de ses libertés criminelles est tirée des dépositions des Témoins.

1o. Il est prouvé par le Récollement de la Dame de Lescot 20. Témoin par celui d'Isabeau de Prat. 24. de Lucrece Materonne 25. & par la Déposition de la Dame de Guerin 26. & de la Demoiselle Hermite 94. qu'il faisoit fermer la Demoiselle Cadiere dans le Chœur interieur, & qu'il se fermoit dans l'Eglise pour parler ensemble ; il avoit objecté Lucrece Materone, mais il a été debouté de l'objet par l'Arrêt du 14. Août dernier.

2°. Il est prouvé par la Déposition de Marie Materone, Tourriere 8. Témoin, que le jour de Ste. Claire que le Pere Girard dîna au Parloir, cette Tourriere ayant mis la table fort éloignée de la Grille, il la prit avec impetuosité & violence & l'en approcha en disant; vous voulés bien m'éloigner de ma Fille : Qu'ayant dit à la Demoiselle Cadiere d'aller prendre la clef qui ouvre la Fenêtre de ce Parloir, le Pere Girard répondit qu'il n'étoit pas nécessaire s & qu'ayant presenté à la Querellante un petit couteau qu'il avoit, elle ouvrit cette Fenêtre ; & que pendant le Repas elle vit qu'il tenoit sa main dans celle de sa Penitente. La Dame de Guerin 26. témoin dépose qu'un jour que la Cadiere étoit fermée dans le Chœur interieur, & le Pere Girard dans l'Eglise elle vit qu'ils se touchoient la main.

3°. Il est prouvé par la Déposition de Marie Materonne 8. Témoin, qu'un jour elle vit l'Accusé embrasser & baiser la Cadiere par la Fenêtre de la grille du Chœur, & un autre jour par celle du Parloir, & par la Déposition de Lucrece Materone, que le 7. Juillet, jour de la Transfiguration, elle vit que le P. Girard & la Cadiere s'embrassoient & se baisoient ; & la Sœur de Prat qui étoit avec Lucrece Materone, ajoûte, que celle-ci le lui ayant dit , & ayant regardé à travers une vître , elle vit veritablement qu'ils ne se baisoient plus, mais qu'ils parloient tête à tête, & face à face ; & qu'un peu auparavant elle avoit vû la Cadiere embrasser le P. Girard. Magdelaine Allemande 91. Témoin, dépose que la Demoiselle Cadiere lui avoit avoüé dans un tems non suspect, que le Pere Girard la baisoit avant qu'elle entrât au Confessional. Il est vrai que par le jugement des Objets, Marie Materonne a été mise *in religione* ; mais d'abord que sa Déposition est soûtenuë par celle de plusieurs autres Témoins irreprochables , qui déposent aussi des embrassemens & des baisers qui sont des actes de même nature , toutes ces dépositions se réünissent & se fortifient respectivement. Faut il être étonné s'il a embrassé , s'il a baisé la Cadiere , puis qu'il avoüe lui même d'avoir pris sur elle des libertés encore plus criminelles & plus prochaines de la consommation du crime, & qu'il est convaincu d'avoir aussi embrassé & baisé d'autres Penitentes , & sur tout la Guiol & la Batarelle, comme on le verra dans un moment ? Nous détaillerons encore dans la suite les libertés criminelles qu'il avoit prises sur la Demoiselle Cadiere lors qu'il étoit enfermé dans sa chambre.

La 7°. preuve est tirée de ce qu'il s'est enfermé tout seul avec sa Penitente.

1°. Le 7. Juillet il resta enfermé avec la Demoiselle Cadiere dans sa Chambre au Convent d'Ollioules , depuis 9. heures du matin jusqu'à midi, & depuis lors jusqu'à 4. heures , la porte ne fût que poussée ; ce Fait est prouvé par le récolement de Marie Materone 8. Témoin, par celui de la Dame d'Aubert, Abbesse 19. Témoin, par celui de la Dame de Lescot 20. de la Dame de Guerin 16. & par la déposition de la demoiselle Hermitte 94. Témoin.

2°. Il est prouvé par la déposition de Claire Berarde & autres témoins raportés dans l'Article des visites , que le Pere Girar s'étoit enfermé plus de 100. fois tout seul avec sa Penitente dans la chambre de celle ci avant qu'elle fut au Convent, à commencer depuis le mois de Décembre 1729. jusqu'au mois de Juin 1730. qu'il l'envoya au Monastere Ste Claire d'Ollioules ; & par sa reponse au 83. Interrogatoire, il a avoüé lui-même , après bien de détours qu'il s'est enfermé à clef. 8. à 9. fois dans la chambre de la Demoiselle Cadiere ; il est vrai qu'il ajoûte que c'étoit après Pâques; mais tous les témoins prouvent qu'ils'étoit enfermé long-tems auparavant , & depuis le mois de Décembre précedent, contre la prohibition des Canons & celle de sa Regle tit. *de Sacerd.* Art. 18. qui défend si severement aux Jesuites d'aller voir des Femmes sans Compagnon , ni de leur parler dans aucun lieu obscur ou fermé ; ce qui eſt une preſomption *juris & de jure* de ſon commerce inceſtueux avec ſa Penitente, qui ſuffiroit toute ſeule pour ſa conviction.

La 8°. preuve ſe tire de ce qu'outre les libertés criminelles qu'il a avoüées par ſes Interrogatoires, dont nous avons déja fait le détail, il eſt prouvé par la dépoſition de pluſieurs témoins à qui elle en avoit fait l'avû dans un tems non ſuſpect, & qu'elle auroit eu un intérêt eſſentiel de cacher pareilles choſes, que lors qu'il étoit enfermé avec elle dans la chambre de ſa Maiſon à Toulon il avoit pris les libertés criminelles dont il va faire le détail.

1°. D'abord qu'il entroit, & qu'il avoit fermé la porte, il lui mettoit la main dans le ſein, lui baiſoit ſouvent le Stigmate du cœur, & le ſucçoit même ; cela eſt prouvé par la dépoſition de la Batarelle 38. témoin & de Magdelaine Allemande 92.

2°. Qu'il avoit ſouvent apliqué à nud ſa poitrine ſur celle de la demoiſelle Cadiere, ſous prétexte qu'il avoit un Stigmate interieur, & qu'il falloit le faire baiſer avec le Stigmate exterieur de ſa Penitente ; ce Fait eſt prouvé par la dépoſition de la Batarelle, par celle de Magdelaine Allemande, & de la Sœur Boyer 97. témoin.

3°. Qu'au retour de ſes Extaſes ou de ſes Accidens, elle s'étoit trouvée tantôt à terre, & le Pere Girard derriere, qui lui tenoit la main dans ſon ſein, tantôt ſur le lit & lui à ſon côté, avec toutes les marques d'une Fille violée comme il eſt prouvé par les dépoſitions de Magdelaine Allemande, & de la Batarelle.

4°. Il avoit fait déshabiller & mettre en chemiſe la demoiſelle Cadiere lui avoi. donné la diſcipline ſur le Lit, & baiſé l'endroit où il avoit frapé & l'avoit enſuite embraſſée, &c. Ce fait eſt prouvé par la dépoſition de la Batarelle 38. témoin, de l'Allemande Mere 39. & d'Allemande Fille 92. La pudeur ne nous permet pas d'entrer dans un plus grand détail : La Cour pourra le voir dans ces trois dépoſitions, dans celle du Pere Nicolas 40 témoin, ſi bien inſtruit par une voye non ſuſpecte, que les Jeſuites n'ont recherché enſuite à faire decreter ſous de faux prétextes, que dans l'inique vûë d'affoiblir ſon témoignage qui n'a point été rejetté par le jugement des Objets, & encore dans le recollement de la Dame de Reimbaud, 22. témoin.

Non ſeulement l'Accuſé eſt convaincu d'avoir abuſé de ſa Penitente, mais encore de lui avoir procuré l'Avortement ; & c'eſt ce qui nous reſte à établir, & qui fournit une nouvelle preuve ſurabondante de ce commerce.

SUR L'AVORTEMENT.

L'Accuſé avoit prétendu éluder ce Chef d'Accuſation, en ſoûtenant que la demoiſelle Cadiere, par ſes réponſes devant l'Official, avoit fixé l'époque de ſa jouiſſance au jour qu'il lui avoit donné la diſcipline dans ſa chambre, qui étoit le 22. ou le 23. May ; mais nous avons fait voir la fauſſeté de ce prétexte à la page 66. & ſuivantes de nôtre réponſe à ſon premier Mémoire, & il ne reſte plus qu'à rapeller ici ſommairement les preuves de cet Avortement.

La premiere ſe tire de ce que l'Accuſé avoit donné pendant pluſieurs jours une écuele d'Eau à la Demoiſelle Cadiére, qu'il alloit prendre lui-même à la Cuiſine, & qu'il ne vouloit pas que la Servante ni aucune autre perſonne lui portât. Ce fait eſt prouvé par la dépoſition de Claire Berarde, Servante de la Cadiere, 11. témoin ; par celle de Magdelaine Allemand, 92 qui ajoûte que la demoiſelle Cadiere lui avoit avoüé que cette Eau avoit un mauvais goût, & encore par l'avû du Pere Girard ſur le 102. Interrogatoire.

La

La seconde preuve se tire de ce qu'au bout de huit jours de ce Breuvage, elle fit une masse que l'Official a crû être de sang, & le Lieutenant, de chair. Ce fait est prouvé par la deposition de la Batarelle & de l'Allemande Mere , à qui la Cadiere l'avoit avoüé long-tems avant ce Procés.

La troisiéme preuve se tire de ce que lors de cette Blessure , que la Cadiere fit un pot plein de sang, le Pere Girard le prit & fut l'examiner curieusement vers la Fenêtre deux ou trois fois, & la Servante fut ensuite le jetter, & alors il dit, quelle imprudence ! Ah quelle imprudence! Ce fait est prouvé par la déposition de Claire Berarde Servante, 11. témoin; par celle de Loüis Remoüis 5. Témoins, qui dit le lui avoir oüi dire; & par la déposition de Magdelaine Allemande & de la Batarelle , à qui la Cadiere l'avoit avoüé dans un tems non suspect. Le Pere Girard convient lui-même par sa réponse au 106. Interrogatoire, d'avoir vû ce pot plein de sang,& encore dans son Factum page 5. & 40. & varie sur les faux prétextes qu'il veut avoir eu pour descendre dans une pareille familiarité avec une Fille.

La quatriéme se tire de ce que la Mere de la demoiselle Cadiere , qui ignoroit tout ce mistere,& qui ne sçavoit pas quelle étoit l'indisposition de sa Fille , vouloit la faire visiter par un Medecin; mais le Pere Girard l'en empêcha en lui disant que c'étoient des maux divins qui n'avoient pas besoin de remedes humains. Ce fait est prouvé par le récolement de Claire Berarde , & par l'avû du Pere Girard dans sa Confrontation avec l'Abbé Cadiere.

Inutilement il s'aviseroit d'oposer que Claire Berarde a été mise *in religione* par le Jugement des Objets, puisqu'outre qu'elle est témoin necessaire,& que *in domesticis non reprobatur domesticum testimonium* ; d'ailleurs les faits qu'elle dépose sont non seulement prouvez par d'autres témoins irreprochables, mais même par les propres avûs de l'Accusé.

La cinquiéme preuve se tire de la demande que le Pere Girard fit à l'Abbesse & à la Maîtresse des Novices la premiere fois qu'il les vit, si la demoiselle Cadiere n'avoit point de perte de sang : cela est prouvé par le récolement de ces deux Religieuses.

La derniere se tire de la lettre du Pere Girard du 30. Juillet 1730. par laquelle il demande à sa Penitente si ses regles lui sont revenuës , par ces termes envelopez *Marquez-moi quand & comment les Biens sont revenus , &c.* & qu'il finit par ces mots enjouez: *Je suis en lui tout ce que vous m'aviez crû dans les jours les plus serains & les plus doux.*

Toutes ces preuves réünies ensemble prouvent invinciblement le commerce de ce Directeur avec sa Penitente, & cet Avortement. On peut dire qu'on n'a jamais raporté de preuves si completes de pareils crimes , & qu'il faudroit renoncer à l'usage de la raison , & fermer volontairement les yeux à la lumiere , pour y trouver le moindre doute.

La Demoiselle Cadiere n'est pas la seule Penitente de l'Accusé avec laquelle il avoit pris des liberté criminelles ; car il est prouvé par la Procedure qu'il en avoit fait de même avec plusieurs de ses autres Penitentes. Claire Berarde, 11. témoin, dépose d'avoir vû le Pere Girard baisant la Guiol au visage; & la Batarelle, dans sa Confrontation avec le Pere Cadiere, a avoüé qu'un jour qu'elle étoit chez la Guiol, celle ci lui dit : mon Mari est à Beaucaire ; le Pere Girard doit venir me voir , arrête toi , & nous le mesurerons.

La Sœur Boyer, 97. témoin, depose que la Guiol lui avoit raconté qu'une des Penitentes du Pere Girard l'avoit baisé au Confessionnal, & que la Batarelle ayant été la voir , lui avoit dit que c'étoit elle qui l'avoit embrassé & baisé. La Batarelle même, 38. témoin, dans sa deposition , aprés avoir dit des choses fort surprenantes au sujet de son union avec le Pere Girard, elle ajoûte qu'elle l'avoit embrassé & baisé au Confessional de son consentement; & qu'un jour chez la Cadiere elle le baisa aux deux joües. Il convient lui-même par sa Reponse au 140. Interrogatoire, que la Batarelle le baisa chez la Cadiere : Il est vrai qu'il ajoûte qu'il s'en départit le plutôt qu'il put ; mais ce faux prétexte est détruit par la déposition de la Batarelle, qui dit de l'avoir baisé alors à l'une & à l'autre joüe, & encore au Confessional, & qu'il y avoit consenti; & ce qu'il y a de plus scandaleux, c'est que nonobstant cela il ne laissa pas de continuer de confesser la Batarelle, comme il l'a avoüé sur le 147. Interrogatoire.

A l'égard de la Laugier, la demoiselle Julien, 11. témoin, dépose qu'un jour qu'elle étoit dans la chambre de cette premiere, le Pere Girard y vint; qu'alors elle en sortit, & qu'il s'enferma à clef dans la chambre de ladite Laugier. Elle ajoute qu'un autre jour un nombre de ces Devotes y dansoient, chantoient & sautoient, mangeoit & beuvoient à la santé des Jesuitons. Anne Belonne, 46. témoin, depose qu'elle a vu quelque fois le Pere Recteur s'enfermer dans la chambre de la Laugier. Catherine Laugier, 53. témoin, dit que lorsque Marianne Laugier avoit des accidents d'obsession, le Pere Recteur y venoit, & que quand il étoit seul avec elle dans sa chambre, il poussoit la porte, ne sçachant point la déposante ce qu'ils faisoient dedans. La demoiselle Joinville, 100. témoin, depose qu'elle a vu entrer quatre à cinq fois le Pere Girard dans la chambre de la Laugier, où il se fermoit avec elle; qu'un jour elle lui disoit : *Mon Pere vous êtes sur moi retirez vous.* Et Magdelaine Allemand, 92. témoin, dans son Recolement dit que la Laugier lui avoit avoüé que le Pere Girard avoit abusé d'elle à l'occasion de son obsession, & qu'elle étoit grosse de lui. C'est ainsi qu'il s'étoit formé un petit Serrail parmi ses Penitentes, ausquelles il permettoit de faire des parties de plaisir à la Campagne, & leur prêtoit le Clerc des Jesuites pour leur servir de Cuisinier, comme il est prouvé par son avu sur le 143. Interrogatoire, & dans le tems qu'il étoit en commerce avec elles, il les faisoit communier tous les jours, & même sans Confession préalable. Quelles abominations!

A l'égard du dernier Chef d'accusation, qui regarde la Subornation des témoins, nous nous reservons d'en établir le mérite par l'analise que nous ferons des témoins du Promoteur, par laquelle nous montrerons tout à la fois que l'Accusé est convaincu d'avoir suborné les témoins qu'il a produits sous le nom de celui ci, & même quelques uns des nôtres qui avoient déja deposé, & que tout ce qu'il leur a fait dire est evidemment contraire à la verité, & détruit non seulement par un trés grand nombre de témoins irreprochables, mais encore par ses lettres & ses propres Avus.

Après cela c'est bien en vain que le P. Girard se retranche à dire que la demoiselle Cadiere est non-recevable en la poursuite qu'elle fait contre lui, soit parce qu'elle a été ensuite decretée d'Ajournement personnel à la Requisition de M. le Procureur Géneral du Roy, soit parce qu'elle a varié dans ses Reponses, & que par l'Arrêt qui a confirmé la Procedure faite à la Requête du Promoteur, elle a été deboutée des lettres Royaux qu'elle avoit impetrées envers cette variation; car cette Objection est absolument insoutenable, & ne peut servir qu'à prouver toûjours mieux combien ce Jesuite est coupable.

10. Où a t'il trouvé que le Decret d'ajournement personnel qui a été rendu contre la demoiselle Cadiere sans accusation, contre toutes les regles de la Justice, si long tems aprés son Exposition & l'Information qu'elle avoit fait faire contre lui, composée d'environ soixante & dix témoins, renfermant

la conviction de tous les Crimes du Querellé , & qui n'eft , ce Decret, tous
évidemment que l'Ouvrage des artifices Jefuitiques , l'ait privée de l'action
en rapt , que la Loy & les Ordonnances donnent à toute Fille ou Femme
dont l'honneur a été ravi , & que l'Arrêt du Confeil du 16. Janvier dernier,
qui a attribué cette Affaire en premiere inftance à la Grand Chambre , lui a
expreffement refervée , en ordonnaut que le Procés feroit fait & parfait au P.
Girard à la Requête de M. le Procureur Géneral du Roy , & à la diligence de
la demoifelle Cadiere , fi bon lui femble , dont elle ne pourroit être privée
que par un département exprés qu'elle n'a jamais fait ni ne fera jamais.

L'autre prétexte n'eft pas moins infoûtenable , 1°. Parce que les Lettres
Royaux dont la demoifelle Cadiere a été deboutée étoient abfolument fura-
bondantes , n'ayant été impetrées qu'en tant que de befoin ; & que leur prin-
cipal objet , qui n'avoit pourtant rien que de jufte , n'étoit pas de fe faire refti-
tuer envers une variation fi dementie par la Procedure, & qui ne fubfiftoit
même plus comme on va le montrer.

20. Parce que cette variation n'eft qu'un effet des trames iniques des Jefuites , qui depuis le moment qu'ils eurent forcé cette Fille à porter cette plainte , ont employé ou fait employer les voyes les plus odieufes pour la forcer
à fe retracter , les mauvais trattemens dans le Couvent des Urfelines de Toulon qui leur eft fi vendu où ils la firent enfermer contre tout droit ; le refus de
tout Confeffeur prouvé par les Comparans produits au Procés ; la fcene de
Meffire Berge efcorté du Pere de Sabatier , Jefuite , & de deux témoins au
Convent , pour l'obliger à faire un Departement de fa plainte fi elle vouloit
qu'il la confefsât , comme il eft prouvé par la Depofition dudit Meffire Berge;
les mauvais traitemens à elle faits pour le même fujet au Convent des Urfelines d'Ollioules; fa traduction ingnominieufe dans le fecond Monaftere de la
Vifitation de cette Ville d'Aix , encore fi dévoüé aux Jefuites , qui en ont la
Direction , & qui ont déja fait diverfes tentatives pour la forcer à fe retracter , ainfi qu'il eft juftifié par l'Acte du 18. Août dernier fignifié à la
Dame Superieure , & par les réponfes qu'elle a faites ; la Lettre anonime que
les Jefuites lui firent remettre 2. jours après qu'elle eut été mife dans ce Convent , dont la teneur eft raportée dans nôtre premier Memoire page 18. celle
qu'un Commis de la Pofte remit à fon Défenfeur le 6. du même mois , dattée
de Toulon , du 3. Août, par laquelle à forces de menaces on le follicitoit de
perfuader à fa Partie de fe retracter ; & enfin par les menaces & les vio-
lences qui ont été faites à cette pauvre Fille dans le Convent des Urfulines
de Toulon , lieu fi ennemi de la verité & de la liberté , lors de cette variation , d'une partie defquelles le Greffier de la Commiffion eft inftruit , &
qu'elle a toûjours fuplié la Cour d'oüir pour en fçavoir la verité : tout cela
ne permét pas de douter que cette variation eft l'ouvrage d'une volonté
étrangere.

30. Parce que cette variation n'exifte plus , & quelle a été aneantie par la
revocation que la demoifelle Cadiere en fit le 10. Mars dernier , reçuë par
Mrs les Commiffaires , qui a été réïterée par fa confrontation mutuelle avec
fes Freres & avec le Prieur des Carmes , & qui n'eft point attaquée.

40. Parce que quand même cette variation n'auroit pas été revoquée , &
qu'elle fubfifteroit encore telle qu'elle auroit été faite, elle ne pourroit point
rendre la demoifelle Cadiere non recevable en fa plainte , ni procurer aucun
avantage à l'Accufé. Elle ne pourroit pas rendre la Querellante non recevable , parce que ce n'étoit pas là un Département de fa plainte , comme il
en auroit falu un exprés & formel pour operer une pareille fin de non-rece-
vois , mais une fimple variation fur certains Faits de fa plainte. Il ne pourroit

tirer aucun avantage de cette variation , soit parce que sur le pied même des Reponses qui la contiennent , le Pere Girard n'est pas moins coupable, puis qu'elle y soûtient encore des Faits qui suffisent pour la conviction, comme nous l'avons montré par les observations que nous y avons faites de sorte que cette variation n'est , pour ainsi dire , qu'une gaze claire & fine jettée sur les Crimes du Pere Girard , à travers de laquelle on en voit encore toute l'énormité & toute la noirceur ; soit parce que ce qu'elle y a dit de contraire à son Exposition est évidemment faux & detruit, non seulement par une foule de témoins irreprochables , mais encore par les lettres & les Avûs de l'Acusé , comme nous l'avons montré d'une maniere si sensible par les mêmes Observations. (Car ce n'est pas sur le langage d'un Querellant qui n'est que pour indiquer le Crime & le Criminel , que la Justice se determine , mais uniquement sur les preuves & les charges de la Procedure qui font la seule regle de ses Jugemens) L'on peut dire que cette variation n'a fait qu'ajouter un nouveau Crime à ceux dont l'Accusé étoit déja convaincu, & rendre plus odieux ses Confreres qui en sont les Auteurs.

Enfin ces deux ridicules pretextes n'ont ils pas déja été condamnez par trois differens Arrêts , qui ont jugé que la demoiselle Cadiere est encore la Partie civile du Pere Girard : Le premier est celui du 30. Juillet , qui en statuant sur son Apel *à minima* du Decret d'assigné pour être oüi rendu contre le Pere Girard , ne l'a pas declarée non recevable ; mais l'en a seulement deboutée par pretenduë injustice au fonds , en ordonnant néanmoins que le Pere Girard passeroit le Guichet ; ce qui est précisément la reformation de son Decret, & tout ce qu'elle demandoit à cet égard ; & le second est celui du 14. Août dernier , qui sur les salvations de la Demoiselle Cadiere , & à la seule Requête , a debouté l'Accusé des Objets qu'il avoit proposez contre les Temoins de la Querellante , & cela sans Conclusions même de M. le Procureur Géneral du Roy ; ce qui fait voir que dans cet Arrêt le Pere Girard n'a eu d'autre Partie que la Demoiselle Cadiere.

Voilà le précis & le Tableau des Charges contre l'Accusé : Après cela que les Jesuites à leur ordinaire fassent des Romans tant qu'ils voudront ; qu'ils employent les Faussetez , les Impostures & les Calomnies les plus averées ; tous leurs éfforts seront toujours impuissants , & ne pourront jamais donner la moindre atteinte à la conviction si entiere de leur Confrere, tirée de tant de Temoins irreprochables , de ses propres Lettres & de ses propres Avûs

Conclud comme au Procès , & pertinemment.

CATHERINE CADIERE.

CHAUDON, Avocat.

AUBIN, Procureur.